Manual de Herramientas

Si yo puedo sanar, tú puedes sanar

ESCRITO POR
Delfina Geus

Las herramientas de este capítulo te ayudarán a recibir la libertad sobrenatural que Jesús ofrece a sus amados. El poder de las herramientas no está en las palabras escritas o en el ritual o rutina de los ejercicios, sino que está en Jesús mismo. Él es el librador, así que no hace falta que repitas las palabras exactamente como están escritas para obtener un resultado. Jesus es el que empoderará a tus palabras y oraciones. Las herramientas son sólo instrumentos. Jesús es el que te sanará y te ayudará a que descubras tu diseño divino en el cual están sembradas las buenas semillas de tu destino, semillas que el enemigo pudo derrumbar. Dios destruirá todos los obstáculos que te han obstruido el camino y empezarás a vivir la vida que él diseñó para tí desde el principio de los tiempos.

La liberación no tiene nada que ver con tu pasado, sino que tiene todo que ver con tu futuro y con arrojar a los obstáculos que te han bloqueado hasta este punto. Este es un libro para los que tienen grandes sueños en la vida, para los que han luchado y sobrevivido tremendas cosas, para los que están cansados de encontrarse siempre en las mismas circunstancias limitadas que chocan contra el destino increíble para el que fueron diseñados a poseer.

No es un libro de autoayuda. No hay secretos, ni remedios, ni recetas, ni consejos rápidos ni nada de eso. Es un libro que habla sobre los milagros y sobre lo que existe cuando uno se conecta al 'más' de Dios; que al conocer y obtener ese 'más' uno puede recibir una vida estable, firme y sellada por profunda libertad.

Si yo puedo sanar, tú puedes sanar

Dedicatoria

Este libro está dedicado a los que creen en los milagros. (y a aquellos de ustedes que quisieran volver a creer)

Bendiciones y oraciones

Una bendición para ti « Jesús, gracias que ya estás aquí en medio de nosotros. Gracias por acercarte a cada uno de mis lectores. Ya sabías que este día llegaría. Es un apuntamiento divino que fue escrito en tu libro de vida desde el principio de los tiempos. Personaliza mis palabras para que este libro sea personal para cada uno que lo lea. Guía a mis lectores a que encuentren lo milagroso oculto en estas páginas. Ayúdales a creer que lo que hiciste por mí también lo harás por ellos. Te pido Jesús que le hagas sentir tu presencia a cada uno de mis lectores a donde sea que se encuentren en este momento. Hazte conocer y sentir como nunca antes y guía a sus almas y espíritus a que gocen de la libertad más grande y tangible cómo nunca han conocido ».

Viniendo a Jesús y pidiéndole que sane tu pasado « Jesús, quiero que seamos amigos y que transformes todo lo feo de mi vida. Ya no me importa más el pasado. Te entrego todo. Quiero que vengas y que limpies mi historia y escribas en mi corazón una nueva historia, una llena de cosas buenas y de ilimitadas posibilidades. Te pido que sanes todas mis heridas y que quites de mí todo lo que ha bloqueado mi destino. ¡Acércate a mí y muéstrame que eres Dios! »

Renunciando a los confortes falsos
« Jesús, esto me cuesta muchísimo y me da miedo hacerlo, pero elijo tener confianza en vos y creer que me apoyaras. Elijo entregarte todos los hábitos, emociones, pensamientos, y personas sobre las cuales me he apoyado buscando confort y paz fuera de tu ayuda. Elijo apoyarme sobre ti y recibir la paz, fuerza y poder que me impartas sobrenaturalmente para empezar a vivir la vida que diseñaste para mí desde el principio ».

Dejando por completo a los sistemas de apoyo inferiores « Jesús te entrego todos mis confortes falsos. Te doy todas las estructuras que he construido fuera de tu diseño para mi vida. Te pido disculpas por todas las veces que no me refugié en tu amor y que te di la espalda y busqué confortes inferiores cuando tú me querías ayudar. Por favor sana todas mis heridas y cicatrices, y expulsa a todos los demonios que han bloqueado mi vida. Quiero descubrir el diseño que tienes para mi vida, el que diseñaste desde el principio. Ayúdame a vivir mi mejor vida. Te doy permiso para que empieces a reordenar las partes de mi vida según tu diseño para mí. Enséñame a sentirme estable y contenido en tu confort."

Pidiéndole a Jesus que aumente tu fe « Jesús, te pido que aumentes mi fe. Hazla creer para que pueda imaginarme un futuro sin sufrimiento y sin trauma. Muéstrame todo lo que tienes planeado para mi vida. Quiero soñar contigo y creer en todo lo maravilloso que tienes reservado para mi futuro. Te pido que me mandes signos y confirmaciones. Quiero saber que estás conmigo. Mándame visiones y sueños. Ordena encuentros con personas que me hablen tus palabras. Quiero reconocer en mi corazón todo lo que viene de tí para abrazar más a los sueños imposibles que tienes para mi vida. Jesús, ¡ayúdame a creer más! »

Pidiéndole a Jesus que aumente tu fe « Jesús, te pido que aumentes mi fe. Hazla creer para que pueda imaginarme un futuro sin sufrimiento y sin trauma. Muéstrame todo lo que tienes planeado para mi vida. Quiero soñar contigo y creer en todo lo maravilloso que tienes reservado para mi futuro. Te pido que me mandes signos y confirmaciones. Quiero saber que estás conmigo. Mándame visiones y sueños. Ordena encuentros con personas que me hablen tus palabras. Quiero reconocer en mi corazón todo lo que viene de tí para abrazar más a los sueños imposibles que tienes para mi vida. Jesús, ¡ayúdame a creer más! »

Declaraciones Bíblicas

Declaración: ¡El que vive en mí (el Espíritu Santo) es más grande y eternamente más poderoso que el que está en el mundo! (el diablo)
Escritura: Primera carta de San Juan 4:4: « Hijos míos, ustedes son de Dios y han vencido a esos falsos profetas, porque aquel que está en ustedes es más grande que el que está en el mundo. »

Declaración: ¡Dios no me ha dado un espíritu de temor! ¡Tengo un espíritu fuerte y empoderado por amor y sobriedad!
Escritura: Segunda carta a Timoteo 1:7: « Porque el Espíritu que Dios nos ha dado no es un espíritu de temor, sino de fortaleza, de amor y de sobriedad. »

Declaración: ¡Yo soy una nueva criatura! ¡Lo antiguo se fue y lo nuevo ya está en mí!
Escritura: Segunda carta a los Corintios 5:17, « El que vive en Cristo es una nueva criatura: lo antiguo ha desaparecido, un ser nuevo se ha hecho presente. »

Declaración: ¡Jesús me libró! ¡Soy totalmente libre!
Escritura: Evangelio según Juan 8:36: « Por eso, si El Hijo los libera, ustedes serán realmente libres »

Declaración: ¡Yo tengo el poder de atropellar a todos los demonios y a caminar sobre serpientes y escorpiones! ¡Nada me podrá dañar!
Escritura: Evangelio según Lucas 10:19-20: « Él les dijo: « Les he dado poder para caminar sobre serpientes y escorpiones y para vencer todas las fuerzas del enemigo; y nada podrá dañarlos. No se alegren, sin embargo, de que los espíritus se les sometan; alégrense más bien de que sus nombres estén escritos en el cielo » ».

Declaración: ¡Ninguna herramienta forjada contra mí prosperará!
Escritura: Isaías 54:17: « Ninguna herramienta forjada contra ti resultará eficaz, y tú desmentirás a toda lengua que se alce para juzgarte. Esta es la herencia de los servidores del señor, Esta es la victoria que yo les aseguro. »

HERRAMIENTAS DE LIBERACIÓN

PARA TENER UN ENCUENTRO PODEROSO CON DIOS

GUÍA DE DISCERNIMIENTO
ENTENDIENDO LA INFORMACIÓN QUE PERCIBES Y RECIBES

CLAVANDO MENTIRAS EN LA CRUZ DE JESÚS
DESTRUYENDO INTELIGENCIAS OPUESTAS A LOS PROPÓSITOS DE DIOS

EXPULSANDO A DEMONIOS Y TINIEBLAS
ECHANDO FUERA LAS INFLUENCIAS, ATMÓSFERAS, Y ATAQUES DEMONÍACOS

ENTREVISTANDO A FUERTES EMOCIONES
DESARMANDO EL PODER DE LAS EMOCIONES ALTANERAS Y RECIBIENDO EL AMOR DE DIOS

LISTA DE EMOCIONES
UNA LISTA ÚTIL PARA AYUDARTE A IDENTIFICAR LO QUE SIENTES EN TU ALMA Y TU ESPÍRITU

PERDONANDO DEL CORAZÓN
CERRANDO LAS PUERTAS DE ATORMENTACIÓN DEMONÍACAS CON UN PROFUNDO PERDÓN

ROMPIENDO MALDICIONES GENERACIONALES
CANCELANDO MALDICIONES Y RECLAMANDO BENDICIONES QUE PERTENECEN A TU LINAJE

ROMPIENDO MALDICIONES Y CONTRATOS ESPIRITUALES
ANULANDO ACUERDOS, VOTOS Y CONTRATOS FORJADOS EN LAS TINIEBLAS

CORTANDO LAZOS DEL ALMA
DESHACIÉNDOSE DE LAS CARGAS ESPIRITUALES QUE TRANSMITEN LOS LAZOS DAÑOSOS

GUÍA DE DISCERNIMIENTO

ENTENDIENDO LA INFORMACIÓN QUE PERCIBES Y RECIBES

1 Información llega acerca de tu pasado, presente o futuro situaciones en la forma de

- Sentir algo
- Pensar o saber algo
- Tener una sensación física o corporal

2 Consulta con el Espíritu Santo acerca de lo que sucede

« Espíritu Santo, ¿qué está pasando? »

Conexión con Dios *

• Puede ser que sientas al Espíritu de Dios manifestándose con hermosura, paz y calma, o a través de circunstancias especiales, milagros, señales y maravillas, escalofríos emocionantes, lágrimas, y risa.

• Puede ser sientas el fruto del Espíritu Santo: amor, alegría, paz, paciencia, dulzura, bondad, lealtad, ternura y autocontrol. (Gálatas 5:22-23)

• Puede ser que estés contemplando temas lindos y celestiales: todo lo que es bueno, noble, digno, verdadero, y puro. (Filipenses 4:8-13)

• Puede ser que estés recibiendo una revelación o visión divina en la que Dios te está mostrando cosas desde su perspectiva, y que eso te haga sentir alegre, maravillado y esperanzado.

Cosas e influencias espirituales

• Puede ser que estés sintiendo una atmósfera espiritual o espíritus en las tinieblas
• Puede ser que percibas un sentimiento que le pertenece a alguien a tu alrededor o en tu vida
• Puede ser que el enemigo te esté haciendo pensar que no eres libre cuando lo eres, haciéndote pensar, sentir, o desear cosas antiguas del pasado.

Cosas naturales y terrenales

• Puede ser que tengas un límite o necesidad personal o que simplemente te ayudaría hablar, comer, preguntar, descansar, o hacer algo físico y natural.

• **Puede ser que Dios esté sanando una herida y por eso has empezado a tener sensaciones, pensamientos, o deseos relacionados a esa herida, pero ten confianza que está actuando el Espíritu Santo y no es una vuelta al pasado.**

* (Es imposible explicar las infinitas maneras de las cuales Dios se comunica con nosotros)

GUÍA DE DISCERNIMIENTO
ENTENDIENDO LA INFORMACIÓN QUE PERCIBES Y RECIBES

Pregúntale al Espíritu Santo que hacer

« Espíritu Santo, ¿que hago? »

Si sientes resistencia demoníaca o un ataque espiritual, consulta con el Espíritu Santo y haz todo lo que te diga. Estos son algunos ejemplos de lo que puedes hacer cuando enfrentas demonios y ataques espirituales: alabar, rezar, declarar escrituras, hacer actos proféticos, romper acuerdos con mentiras, expulsar demonios, bailar, cantar, crear algo artístico, leer la Biblia, etc. O a veces está bueno no mas reírse y seguir adelante con todo sin darle demasiada atención al enemigo. El Espíritu Santo sabe perfectamente cómo guiarte en estas situaciones. Pregúntale a él qué hacer.

Sanando con Dios: Presta atención a lo que te dice Dios. Puede ser que te guíe a que uses una de estas herramientas de liberación para sanar una herida:

- Rompiendo acuerdos con mentiras
- Rompiendo maldiciones generacionales
- Expulsando a demonios
- Cortando lazos del alma
- Haciendo un perdón profundo

(*Estas herramientas se encuentran en las siguientes páginas.)

Una observación: Puede ser que cuando el Espíritu Santo se proponga a librarte de algo, el enemigo también te empiece a irritar con manifestaciones de demonios, síntomas y sensaciones. No te preocupes si las cosas empeoran antes de mejorar. No te has equivocado, no has hecho nada malo, y no estás solo. No dejes de míralo a Jesús porque él sí está contigo y te dará todo lo que necesitas para triunfar. Escucha su voz y sigue las instrucciones del Espíritu Santo. Dios se ha comprometido a librarte de toda esclavitud, hasta si parece que el infierno entero te esté rodeando en esos momentos. Manténte firme, Dios nunca falla.

Una precaución: Cuando Dios se propone a librarte, lo hace en ese mismo momento. No te saca temas para charlar ni para que sigas sufriendo, procesando o analizando el pasado. No lleva una eternidad sanar con Dios, y una vez que te libra, jamás te vuelve a sacar el tema porque lo ve como un hecho terminado. Él siempre deja tu pasado a dónde pertenece: en la cruz de Jesús. La precaución, entonces, es estar alerta a que el espíritu del trauma intenta engancharte en conversaciones o 'procesos' del pasado para que te pases la vida entera 'sanando, procesando, asimilando, analizando y tratando de entender' todo lo que Jesús ya ha sanado y terminado. El propósito de la liberación es que te libres 100% del pasado y que pases a celebrar y a vivir la vida libre del sufrimiento. Guarda: *Si empiezas a repasar el pasado en círculos, te aseguro que no es el Espíritu Santo el que te está hablando. Es el espíritu del trauma. ¡Expúlsalo!*

CLAVANDO MENTIRAS EN LA CRUZ DE JESÚS

DESTRUYENDO INTELIGENCIAS
OPUESTAS A LOS PROPÓSITOS
DE DIOS

1 – Si sientes que el enemigo te ha hecho creer una mentira, o quiere hacerte caer en una mentira, pídele discernimiento al Espíritu Santo:

« **Espíritu Santo, ¿qué mentira me estoy creyendo?** »

« **Espíritu Santo, ¿qué me está oponiendo o atacando?** »

« **Espíritu Santo, ¿cuál es la raíz de esta emoción, pensamiento o deseo?** »

2 – Una vez que identifiques las mentiras o los demonios que te oponen, entrégale todo a Jesús y rompe acuerdos, clavando todas las mentiras en la cruz:

« **Clavo en la cruz de Jesús la mentira que dice que yo ' _____ ' y rompo todos los acuerdos con ella** »

« **Demonio de _____ te clavo en la cruz de Jesús** »

3 – Pregúntale a Jesús qué verdad tiene para darte en cambio.

« **Jesús, ¿qué virtud o verdad quieres darme a cambio de todo esto?** »

> « Él canceló el acta de condenación que no será contraria, con todas sus cláusulas, y la hizo desaparecer clavando en la en la cruz. En cuanto a los principados y a las potestades, los despojó y los expuso públicamente a la burla, incorporándolos a su cortejo triunfal. » **Carta a los Colosenses 2:14-15**

EXPULSANDO A DEMONIOS Y TINIEBLAS

ECHANDO FUERA LAS INFLUENCIAS, ATMÓSFERAS, Y ATAQUES DEMONÍACOS

Cuando sientas que haya un espíritu demoníaco o una atmósfera demoníaca a tu alrededor, mantente firme en la autoridad que te ha dado Jesús y expulsa a los poderes invisibles en voz alta. Háblale directamente a las potestades y poderes, diciendo:

« **¡En el nombre de Jesús, expulso al espíritu (o) atmósfera de _____!** »

« **¡Declaro en el nombre de Jesús que se vaya esta tiniebla o poder!** »

Si has entrado en acuerdo con influencias demoníacas, rompe esos acuerdos y clava las mentiras en la cruz.

Si los poderes y espíritus siguen luchando contra ti después de todo lo que has hecho, continúa a resistir la influencia demoníaca en el nombre de Jesús, y haz algo fuerte para activar y demostrar tu fe, por ejemplo:

- **Declara escrituras de la Biblia**
- **Ponte a escuchar música de alabanza y alaba a Dios apasionadamente**
- **Toma la comunión**
- **Ponte la armadura de Cristo proféticamente**
- **O sino, si el Espíritu Santo te dice** « ignora radicalmente al enemigo » pues, ¡ignora radicalmente al enemigo!

> « Les he dado poder para caminar sobre serpientes y escorpiones y para vencer todas las fuerzas del enemigo; y nada podrá dañarlos. No se alegren, sin embargo de que los espíritus se les sometan; alégrense más bien de que sus nombres están escritos en el cielo. » **Evangelio de Lucas 10:19-20**

ENTREVISTANDO A FUERTES EMOCIONES

DESARMANDO EL PODER DE LAS EMOCIONES ALTANERAS Y RECIBIENDO EL AMOR DE DIOS

1 - Dile al Espíritu Santo que te subraye emociones fuertes que suelen invadir tu paz. Rompe acuerdos espirituales que has hecho con cada una de esas emociones. Dile al Espíritu Santo que te muestre los confortes falsos te transmitían esas emociones:

> « Espíritu Santo, subraya las emociones que suelen invadir mi paz.
> « ¿Qué me da la emoción de / o / el espíritu de_____ ? »

2 - Entrégale a Jesús esa emoción y todo lo que hace por ti. Después, pídele a Jesús que te de algo nuevo y divino a cambio:

> « Jesús, te entrego la emoción de / o / el espíritu de _____ y todo lo que me ha dado. ¿Qué me quieres dar a cambio? »

> « Tú conocías hasta el fondo de mi alma y nada de mi ser se te ocultaba, cuando yo era formado en lo secreto, cuando era tejido en lo profundo de la tierra. »
> **Salmos 139:14-15**

MANUAL DE HERRAMIENTAS

LISTA DE EMOCIONES

UNA LISTA ÚTIL PARA AYUDARTE A IDENTIFICAR LO QUE SIENTES EN TU ALMA Y TU ESPÍRITU

ENOJO
Enojado
Irritado
Frustrado
Amargado
Resentido
Aferrado
Indignado
Tenso
Rígido
Furioso
Fuera de control

TEMOR/MIEDO
Miedoso
Aprensivo
En alerta
Ansioso
Inseguro
Nervioso
Paranoico
Resistente
Impaciente
Intranquilo
Inquieto
Preocupado
Aterrorizado
Paralizado
Congelado

TRISTEZA
Triste
Bajoneado
Deprimido
Desesperado
Decepcionado
Desilusionado
Derrotado
Malentendido
Desalentado
Desanimado

SORPRESA
Sorprendido
Shockeado
No listo
Impresionado
Conmovido
Emocionado
Maravillado
Alucinado
Desconcertado

VERGÜENZA
Avergonzado
Acobardado
Lamentado
Deshonrado
Intimidado
Inútil

DOLOR
Adolorido
Atropellado
Rechazado
Abandonado
Angustiado
Solo / Aislado
Desconectado
Cansado de
Aplastado
Pisoteado
Traicionado
Maltratado
No valorado
Usado
Ignorado

DISGUSTO
Disgustado
Repulsado
Ofendido
Asqueado
Desinteresado

CULPA
Culpado
Condenado
Apenado
Arrepentido
Penitente
Contrito

GOZO/ALEGRÍA
Alegre
Gozando de
Anticipando
Disfrutando
Interesado por
Enchufado en
Lleno de vida
Energético
Relajado
Aceptado
Valorado
Visto
Querido
Complacido
Con paz
Radiante
Orgulloso
Satisfecho
Capaz
Listo
Confiado
Armado
Amable
Fuerte
Confiante
Confiado de
Poderoso
Con esperanza
Libre

PERDONANDO DEL CORAZÓN

CERRANDO LAS PUERTAS DE ATORMENTACIÓN CON UN PROFUNDO PERDÓN

Dile al Espíritu Santo que te muestre a quién quiere que perdones. Después sigue los siguientes pasos para perdonar a esa persona con profundidad y del corazón:

1 - Imagínate que Jesús está ahí contigo y dile que te muestre la persona a quien debes perdonar. Presta atención a las emociones que te surgen y entrégale todo a Jesús quien te protege:

« Jesús me siento _____ . Necesito que me protejas y me des tu confort divino »

2 - Una vez que sientas que Jesús te acompaña, empieza a hablarle a esa persona y perdónale todo lo que te ha hecho, así:

« _(Nombre de esa persona)_ te perdono por _____ »

3 - Profundiza el perdón. Dile al Espíritu Santo que te muestre todas las consecuencias emocionales, mentales, físicas, y espirituales que sufriste a causa de esa persona. Es importante nombrar absolutamente todo lo que esa persona te hizo para realmente profundizar el perdón en tu corazón y dejar de llevar cuentas y acarrear sufrimiento:

« Te perdono por hacerme sentir / pensar / hacer _____ »

4 - Cuando hayas perdonado todo, entrégale a Jesús todo lo que has cargado y haz como que le entregas la persona a Jesus. Pídele que cierre todas las puertas de atormentación demoníacas que se abrieron por la falta de perdón.

« Jesús, elijo perdonar a _(nombre de esa persona)_ . Te entrego todo lo que acarreaba a causa de el/ella. Te devuelvo a _____ y pido que lo/la bendigas. Cierra todas las puertas de atormentación que se abrieron por mi falta de perdón »

PERDONANDO DEL CORAZÓN

CERRANDO LAS PUERTAS DE ATORMENTACIÓN CON UN PROFUNDO PERDÓN

Ejemplo de un perdón profundo:

« Papá, te perdono por haberme golpeado y abusado, por haberme dejado marcas y moretones en mi cuerpo, y por la vergüenza que sufrí a causa de esto cuando mis amigos en el colegio me preguntaban si estaba bien o qué pasaba en casa. Te perdono por el miedo y el terror que sentí cada vez que llegaba del colegio. Te perdono por cómo tus acciones influyeron mi forma de ver a los hombres y a la autoridad. Te perdono por negar el dolor que me causaste y por nunca arrepentirte de lo que me hiciste. Te perdono por darme un enojo tremendo que he acarreado por tantos años y que ha saboteado a todas mis relaciones y amistades. Te perdono por haberme enseñado que estaba bien la violencia y que era algo que me merecía. Te perdono por enseñarme que estaba bien hacer doler a otros con violencia, enojo y mal humor. Te perdono por haberme abandonado, por no asumir tu rol como padre, y por no haberme hecho sentir valorado o querido.

Jesús te entrego todo el sufrimiento que he acarreado a causa de lo que me hizo papá. Te lo entrego por completo y te lo devuelvo a mi papá. Elijo dejar de llevar cuentas de todo y elijo perdonarlo. Te pido que lo bendigas y que le hagas conocer tu amor. Jesús, cierra todas las puertas de atormentación que abrí con mi falta de perdón ».

Puedes volver a esta herramienta todas las veces que quieras, y puedes perdonar a quien sea. No hace falta que la persona esté viva o presente en tu vida. Es más, muchas veces, el perdón es algo precioso que simplemente se hacemos a solas con Dios.

« Y cuando ustedes se pongan de pie para orar, si tienen algo en contra de alguien, perdónenlo, y el padre que está en el cielo les perdonará también sus faltas »
Evangelio según Marcos 11:25

ROMPIENDO MALDICIONES GENERACIONALES

CANCELANDO MALDICIONES Y RECLAMANDO BENDICIONES QUE PERTENECEN A TU LINAJE

Dile al Espíritu Santo que te revele las maldiciones generacionales que han plagiado a tu árbol familiar por generaciones, y usando esta oración, rompe todos los acuerdos:

« Jesús, pido en tu nombre que rompas el poder de la maldición generacional de _____ y a todos los acuerdos que hemos hecho con ella. Quita esto de mi vida de mi linaje. Te pido que me des a cambio la bendición generacional que me corresponde para que todos las generaciones que vengan de mí sean libres de esta maldición. ¿Jesús, cuáles son las bendiciones generacionales que quieres darme a cambio de esto? »

Recibe las bendiciones que Jesús tiene para darte a cambio de las maldiciones.

> « Yo te colmaré de bendiciones y multiplicaré tu descendencia como las estrellas del cielo y como la arena que está en la orilla del mar. Tus descendientes conquistarán las ciudades de sus enemigos, y por tu descendencia se bendecirán todas las naciones de la tierra, ya que has obedecido mi voz. »
> **Génesis 22:17-18**

ROMPIENDO MALDICIONES Y CONTRATOS

ANULANDO ACUERDOS, VOTOS Y CONTRATOS FORJADOS EN LAS TINIEBLAS

1 - Dile al Espíritu Santo que te muestre cuáles contratos y maldiciones espirituales quiere quitar de tu vida, y reza lo siguiente:

« **En el nombre de Jesús, rompo todos los acuerdos que he hecho con la palabra/frase/nombre/apodo/ o maldición _____. Jesús, rompe el poder de esto en mi vida. Expulsa a ese filtro demoníaco de mis pensamientos, emociones, deseos y hábitos. Vísteme con tu armadura sagrada de pie a cabeza para que nunca más me adjunte a estas frases limitadas que son solo mentiras de quien soy.** »

2 - Pregúntale a Jesús si has creado algún contrato espiritual o voto en reacción a estas malas palabras y maldiciones, rompe acuerdos:

« **Espíritu Santo, he hecho algún contrato espiritual o voto en reacción a esto?** »

« **En el nombre de Jesús, rompo acuerdos con estos contratos y votos espirituales y te pido Jesús que los eches para siempre de mi vida** »

3 - Pregúntale a Jesús qué te muestra la verdad de cómo él te ve.

« **Jesús, ¿Cómo me ves tú? Que verdades tienes para sembrar en mí?** »

Usa las palabras que te da Jesús para hacer declaraciones poderosas sobre tu vida, especialmente cuando te enfrentan mentiras y maldiciones.

« Ninguna herramienta forjada contra ti resultará eficaz, y tú desmentirás a toda lengua que se alce para juzgarte. Esta es la herencia de los servidores del Señor, esta es la victoria que yo les aseguro – oráculo del Señor – . »
Isaías 54:17

ROMPIENDO LAZOS DEL ALMA

DESHACIÉNDOSE DE LAS CARGAS ESPIRITUALES QUE TRANSMITEN LOS LAZOS DAÑOSOS

Dile al Espíritu Santo que te muestre cuáles lazos del alma dañosos quiere cortar. Puede ser que los lazos sean con personas, lugares, objetos, hábitos o sustancias, etc. Una vez que sepas cuáles lazo quiere cortar, reza esta oración:

« Jesús te pido que rompas los lazos del alma dañoso que he formado en la esfera espiritual con _____. Quita de mi ser todo lo malo que he recibido de _____ y cancela todo lo feo que yo le di. Remplaza esta carga y este lazo dañoso con algo divino, sano y bueno. ¿Jesús, qué quieres darme a cambio de esto? y ¿qué revelación tienes acerca de cómo interactuar con esto o esta persona en el futuro? »

Escucha lo que te dice Jesús y recibe sus palabras sanadoras.

> « Porque la Palabra de Dios es viva y eficaz, y más cortante que cualquier espada de doble filo: ella penetra hasta la raíz del alma y del espíritu, de las articulaciones y de la médula, y discierne los pensamientos y las intenciones del corazón. Ninguna cosa creada escapa a su vista, sino que todo está desnudo y descubierto a los ojos de aquel a quien debemos rendir cuentas. »
> **Carta a los Hebreos 4:12-13**

Apuntes:

◆

Acerca de la autora

Delfina es una canto-autora y emprendedora de Los Ángeles, California.

www.delfinageus.com

✦

¿Tienes un testimonio?

¡Me encantaría que me cuentes lo que Dios hizo por tí!
Envíame una carta por correa a la siguiente dirección:

Delfina Geus
P.O. Box 70411
Project City, CA 96079
United States of America

This title is available on
Amazon in paperback, e-book
and audiobook
in Deutsch, Español and Français

Este título está disponible en Amazon en edición rústica, libro electrónico y audiolibro.

en Deutsch, English y Français

Créditos & Derechos

Si yo puedo sanar, tú puedes sanar: manual de herramientas
Derechos de autor © 2023 Delfina Entertainment, LLC. Todos los derechos reservados.

Traducido por Delfina Geus

En términos generales, se consideran lícitos y sin necesidad de pagar o pedir autorización del autor de la obra, usos que no tengan ánimo de lucro ni de menoscabo económico. Ejemplos de estos usos son: Fragmentos breves de una obra, empleados como cita, crítica, ilustración, enseñanza e investigación. Solicitaciones y preguntas de permisos y usos pueden ser dirigidos a permisos@geuspublishing.com

Las escrituras de la Biblia que se encuentran en este libro fueron extirpadas de: Libro del Pueblo de Dios. La Biblia (1ª edición, 2015) Traducción del texto bíblico de Armando J. Levoratti. y Alfredo B. Trusso, aprobada por la Conferencia Episcopal Argentina presentada bajo el título El Libro del Pueblo de Dios. La Biblia (1ª edición, mayo 1981). © Texto bíblico: Fundación Palabra de Vida y Editorial Verbo Divino.

Geus Publishing Group, Inc.
P.O. Box 70411
Project City, CA 96079
Estados Unidos

ISBN: 979-8-9895662-1-1 (libro de tapa blanda)

PRIMERA EDICIÓN 2023
Para distribución global, impreso en los Estados Unidos
www.delfinageus.com

www.ingramcontent.com/pod-product-compliance
Lightning Source LLC
Chambersburg PA
CBHW060623070426
42449CB00042B/2481